BEI GRIN MACHT SICH IHI WISSEN BEZAHLT

Anonym

Einführung eines ERP-Systems bei einem chinesischen Unternehmen

Eine Anforderungsanalyse

GRIN Verlag

Bibliografische Information der Deutschen Nationalbibliothek:

Die Deutsche Bibliothek verzeichnet diese Publikation in der Deutschen National-
bibliografie; detaillierte bibliografische Daten sind im Internet über http://dnb.d-
nb.de/ abrufbar.

Dieses Werk sowie alle darin enthaltenen einzelnen Beiträge und Abbildungen
sind urheberrechtlich geschützt. Jede Verwertung, die nicht ausdrücklich vom
Urheberrechtsschutz zugelassen ist, bedarf der vorherigen Zustimmung des Verla-
ges. Das gilt insbesondere für Vervielfältigungen, Bearbeitungen, Übersetzungen,
Mikroverfilmungen, Auswertungen durch Datenbanken und für die Einspeicherung
und Verarbeitung in elektronische Systeme. Alle Rechte, auch die des auszugsweisen
Nachdrucks, der fotomechanischen Wiedergabe (einschließlich Mikrokopie) sowie
der Auswertung durch Datenbanken oder ähnliche Einrichtungen, vorbehalten.

Impressum:

Copyright © 2013 GRIN Verlag GmbH
Druck und Bindung: Books on Demand GmbH, Norderstedt Germany
ISBN: 978-3-656-69630-8

Dieses Buch bei GRIN:

http://www.grin.com/de/e-book/274935/einfuehrung-eines-erp-systems-bei-einem-
chinesischen-unternehmen

GRIN - Your knowledge has value

Der GRIN Verlag publiziert seit 1998 wissenschaftliche Arbeiten von Studenten, Hochschullehrern und anderen Akademikern als eBook und gedrucktes Buch. Die Verlagswebsite www.grin.com ist die ideale Plattform zur Veröffentlichung von Hausarbeiten, Abschlussarbeiten, wissenschaftlichen Aufsätzen, Dissertationen und Fachbüchern.

Besuchen Sie uns im Internet:

http://www.grin.com/

http://www.facebook.com/grincom

http://www.twitter.com/grin_com

Einführung eines ERP-Systems bei einem chinesischen Unternehmen

Auslandspraktikum im SS 2013

Foto: T. H., 2013

Hausarbeit im Rahmen des Moduls

Praxisprojekt

Wintersemester 2013 - 2014

Abgabedatum: 07.10.2013

Kurzfassung

Das Modul „Praxisprojekt" umfasst ein Praktikum, einen ausformulierten Praktikumsbericht, ein positives Praktikumszeugnis sowie eine schriftliche Arbeit über ein vorher bestimmtes Thema mit Bezug zum Praktikum. Das Praktikum wurde vom 01.03.2013 bis zum 03.09.2013 bei der Firma „VRCIC" in China absolviert.

Der Autor stellt die Firma bei der das Praktikum geleistet wurde vor, behandelt die Grundlagen zur Implementation von ERP-System mit dem Fokus auf Vorgehensmodelle und kritische Erfolgsfaktoren und erläutert im Anschluss daran den Projektverlauf.

Zusammengefasst zeigt diese Arbeit die Umsetzung einer ERP-Implementierung von der Konzeption über den Auswahlprozess der Software bis hin zur Durchführung des Projekts und zeigt Möglichkeiten zur Verbesserung des Einführungsprozesses bei chinesischen Klein- und Mittelständischen Unternehmen auf.

Dabei werden auftretende Probleme erfasst, anschaulich dargestellt, mit theoretischen Annahmen verglichen, Lösungsmöglichkeiten aufgezeigt und zum Abschluss ein Fazit gezogen.

Inhaltsverzeichnis

Abkürzungsverzeichnis

AG .... *Auftraggeber*
BPR .... *Geschäftsprozessneugestaltung (engl. Business Process Redesign)*
bspw. .... *beispielsweise*
Customizing .... *Anpassung an Anwenderanforderungen*
DMS .... *Dokumenten Management System*
EAS .... *engl. electronic article surveillance*
engl. .... *englisch*
ERP .... *Enterprise-Resource-Planning*
ES .... *Einführungsstrategie*
GP .... *Geschäftsprozess*
GPL .... *General Public Licence*
GUI .... *Grafische Benutzeroberfläche*
HR .... *Human Resources*
inkl. .... *inklusive*
„VRCIC" .... *„VRCIC" (Suzhou) Technology Co. Ltd.*
insb. .... *insbesondere*
IT .... *Informationstechnologie*
KEF .... *Kritische Erfolgsfaktoren*
KMU .... *Kleine und Mittlere Unternehmen*
LAN .... *Local Area Network*
MA .... *Mitarbeiter*
max. .... *maximal*
NAS .... *Network Attached Storage*
OS .... *Open Source*
PL .... *Projektleiter*
RFID .... *engl. radio-frequency identification*
Sit. .... *Situation*
sog. .... *sogenannt*
tw. .... *teilweise*
u.a. .... *unter anderem*
Usability .... *(engl.) [Be-]Nutzbarkeit, Bedienbarkeit*

Abbildungsverzeichnis

Tabellenverzeichnis

1 Einleitung

Die Globalisierung ist nach wie vor *„eines der ganz großen Themen der heutigen Zeit"* (Fuchs 2013). Rund um den Globus verfolgen Unternehmen daher das Ziel, sich strategische Vorteile u.a. durch die Optimierung der unternehmensweiten Prozesse mittels Einsatz von Enterprise-Resource-Planning (ERP)-Software zu verschaffen (Computerwoche 2008).

In den letzten vier Jahrzehnten hat sich in China der große Wandel von einer agrar-beherrschten hin zu einer Wirtschaft mit dominierendem industriellem Sektor vollzogen. Langfristig strebt China eine dienstleistungsbasierte Wirtschaft an. Bereits 2009 betrug der Vorsprung des sekundären, industriellen gegenüber dem tertiären Sektor nur noch etwa drei Prozent (Ehmer 2011, S. 1).

Darüber hinaus steht inzwischen fest: *„China ist kein Billigstandort mehr"*, die Industrielöhne haben sich (in Dollar gerechnet) seit 2001 real verdreifacht (Geinitz 2013). Städtische Durchschnittsbruttolöhne liegen 2011 umgerechnet über 500 USD (GTAI 2013, S. 5).Sowohl die Gesellschaft für Außenwirtschaft und Standortmarketing mbH (GTAI) als auch die Deutsche Bank benennen den Faktor Lohnsteigerung als Risiko für die chinesische Wirtschaft (Ehmer 2011, S. 1);(Schmitt 2013, S. 4). Das „Pro-Kopf-Bruttoinlandsprodukt" der Metropole Shanghai liegt mit 22.983 USD bereits 2010 über dem von Saudi Arabien mit 22.850 USD (The Economist 2011).

Angesichts dessen sehen sich am anderen Ende der Welt auch vermehrt kleine und mittlere (KMU) Unternehmen damit konfrontiert schwierige Modernisierungs-Entscheidungen fällen zu müssen (Lewis 2012); (Quan et al. 2005, S. 71). Lee Boon Lee (COO SAP Asia Pacific) vertritt bspw. die Auffassung, eine integrierte ERP Plattform sei ein Kernschritt des Übergangs eines traditionellen in ein modernes Unternehmen (Lewis 2012). In China ansässige Unternehmen müssen schnell und günstig ein ERP-System einführen, schlussfolgert Hoffmann (Hoffmann 2013, S. 5).

1.1   Problemstellung

Diese Arbeit behandelt die Einführung eines ERP-Systems bei dem Unternehmen „VRCIC" bei dem es sich um ein mittelständisches Unternehmen mit ausschließlich internationalen Kunden handelt. Folglich ist es für dieses Unternehmen essentiell wichtig in integrierte Systeme zu investieren um dem steigenden Wettbewerb auf dem globalen Markt auch in Zukunft gewachsen zu sein (Hoffmann und Balis, S. 26).

Nicht zu vernachlässigen sind jedoch die Konsequenzen und Probleme, welche eine ERP Einführung – insb. bei einem chinesischen Unternehmen – mit sich bringt. Die Probleme dieser ERP Neueinführung sind im Wesentlichen der enorme Zeit- und Kostendruck (Naujoks 2009) aufgrund der begrenzten Projektlaufzeit, die zahlreichen interkulturellen Unterschiede (Mikosch 2004);(twago 2010);(Franken 2008, S. 72–104), die Geschäftsprozessneugestaltung sowie mangelnde Erfahrung späterer Anwender im Umgang mit betriebswirtschaftlicher Software (Naujoks 2009).

1.2   Zielsetzung

Ziel dieser Arbeit ist, ausgewählten Abteilungen des Unternehmens die Basisfunktionalitäten eines integrierten ERP-Systems zur Verfügung zu stellen. Nach den Anforderungen des Auftraggebers (AG) liegen die höchsten Prioritäten darauf, die Bereiche Lagerverwaltung und Einkaufsmanagement durch eine Software-Lösung zu unterstützen.

Die erhofften Vorteile sind eine einheitliche und damit zentral verwaltbare Datenbasis für Kunden-, Mitarbeiter-, Artikel- und Lagerbestandsdaten bereitzustellen sowie eine bessere Transparenz hinsichtlich Geschäftsdaten und laufenden Projekten herzustellen. Darüber hinaus werden Steigerung der Planbarkeit, Einsparmöglichkeiten und eine Optimierung der betrieblichen Prozesse erwartet. Das System soll dabei erweiterbar sein um zukünftig eine Integration weiterer Prozesse und Abteilungen zu ermöglichen. Im Kern ist das Ziel dieses Projekts Microsoft Excel als eingesetztes ERP-System abzulösen.

1.3 Aufbau der Arbeit

Strukturell teilt sich die Arbeit in die Abschnitte „Grundlagen", „Konzeption", „ERP-Einführung", „Projektabschluss" sowie „Fazit und Ausblick". Der Auftraggeber wird unter dem Punkt 1.4 vorgestellt.

Das Kapitel „Grundlagen" gibt einen Überblick über ERP-Systeme nebst Einführungsstrategien und Vorgehensmodellen zur ERP Implementation und beleuchtet die sogenannten kritischen Erfolgsfaktoren (KEF). Darüber hinaus werden die „chinesischen" Besonderheiten bei ERP Anwendungen und Einführungen analysiert.

Im Kapitel „Konzeption" wird das Projekt der Implementierung eines ERP Systems vom Projektstart bis zur detaillierten Projektplanung erläutert. Dabei werden als wichtige Meilensteine u.a. die Konzeptentwicklung, der Auswahlprozess (des ERP-Systems) sowie die IST-Analyse mit nachfolgender SOLL-Umsetzung erläutert.

Das Kapitel „ERP-Einführung" dokumentiert und erörtert die Installation, die Vorbereitungen zur Inbetriebnahme inkl. des Anpassungs-Prozesses (Customizing), die Durchführung von Mitarbeiterschulungen sowie den Test-Betrieb des Systems. Der Teil Projektabschluss ist für die Vorgaben dieser Arbeit zu umfangreich und daher als Exkurs im Anhang unter dem Punkt 7.6 zu finden.

Das Kapitel 5 „Fazit und Ausblick" am Ende der Arbeit dient der Zusammenfassung und des Ausblicks auf die zukünftigen Entwicklungen und Möglichkeiten des Systems. Verwendete Quellen werden im Literaturverzeichnis offengelegt. Ab Seite I im Kapitel „Anhang" sind die ergänzenden Dokumente zu finden.

1.4 Der Auftraggeber „VRCIC" (Suzhou) Technology Co. Ltd.

Bei der Firma „VRCIC" handelt es sich um ein mittelständisches Unternehmen mit Standorten in Suzhou, Jiangsu (P.R. China) und Singapur. Der Standort in Suzhou existiert seit etwa neun Jahren und umfasst die Abteilungen Fertigung, Forschung und Entwicklung (F&E), IT sowie einen Teil der Vertriebs- und Einkaufsabteilung.

„VRCIC" entwickelt, produziert und vertreibt elektronische Warensicherungssysteme (EAS, engl. electronic article surveillance) Systeme, RFID (engl. radio-frequency identification) Artikel sowie eine entsprechende Software-Suite für diese Systeme. Zurzeit hat das Unternehmen ausschließlich Kunden außerhalb Chinas, pro Land gibt es einen Distributor wodurch der Endkundenkontakt entfällt.

2 Grundlagen

Nachfolgend werden die Grundlagen des Themas ERP behandelt. Aufgrund des vorgegebenen Umfangs dieser Arbeit ist eine ausführlichere Betrachtung nicht möglich. Daher sei an dieser Stelle auf die zu diesem Thema verfügbare Fachliteratur verwiesen.

2.1 ERP-Systeme

ERP-Systeme sind unternehmensübergreifende Software-Lösungen die zur Optimierung von Geschäftsprozessen (GP) eingesetzt werden (Imhausen 2004a). Sie unterstützen die im Unternehmen ablaufenden GP (Vahrenkamp und Sieperman 2013). Die Integration aller Prozesse wird durch eine zentrale Datenbank gewährleistet (Wagner et al. 2012, S. 149 ff.).

ERP-Systeme stellen mithilfe der Datenhaltung aller unternehmensrelevanten Daten bzgl. Finanzen, Arbeitskräften, Zeiten, Maschinen und Material Informationen bereit die es erlauben, operative und strategische Entscheidungen gezielter zu treffen (RECO 2010, S. 4). Die funktionalen Bereiche eines ERP-Systems – abgebildet durch Module bzw. Anwendungskomponenten – umfassen u.a. die Bereiche Vertrieb, Lagerhaltung, Beschaffung, Produktion, Kostenrechnung, Anlagenwirtschaft sowie Personal-, Finanz- und Rechnungswesen (Vahrenkamp und Sieperman 2013); (Schatz et al., S. 7 ff.).

2.1.1 Einführungsstrategien zur Implementierung der ERP-Module

Die Einführungsstrategie (ES) bildet die Basis der Vorgehensmodelle (VM) (Nielsen 2008, S. 27). Die Wahl dieser ES ist neben der Festlegung des verwendeten Vorgehensmodells (VM) ein entscheidender Prozess zur Optimierung von Zeitverlusten/Kosten und somit oftmals genauso wichtig wie die Auswahl des ERP-Systems selbst (Bayrak 2007, S. 21 ff.). Betrachtet werden hier ausschließlich ES hinsichtlich des Systematisierungsmerkmals der ERP-Modul-Inbetriebnahme.

Von den drei generischen ES zur Einführung neuer Systeme ist die Paralleleinführung hier aufgrund des fehlenden (für diese ES jedoch zwingend erforderlichen), produktiven Altsystems nicht anwendbar (Wieczorrek und Mertens 2011, S. 317 f.). Tabelle 1 stellt die beiden relevanten ES mit Ihren für diesen Anwendungsfall entscheidenden Merkmalen gegenüber (gekennzeichnet sind projektrelevante Vor- (+) und Nachteile (-)).

	Simultane Einführung (Big-Bang)	Sukzessive Einführung („Step-by-Step")
zeitlicher Ablauf	Stichtag	mehrere Termine
Dateninkonsistenz	nicht vorhanden (+)	vorhanden (-)
Einführungsdauer	kürzer (++)	länger (-)
Doppelarbeiten	nicht vorhanden (+)	vorhanden (-)
Einführungsrisiko	hoch (-)	geringer (++)
Einführungsteilerfolge	vorhanden (+)	nicht vorhanden (-)
Gesamtaufwand	geringer (+)	höher (-)
Schnittstellen	geringer	zusätzliche Schnittstellen notwendig
Personalbedarf	höher (-)	geringer, da zeitlich verlagert (+)

Tabelle 1 Einführungsstrategien

(RECO 2012, S. 9); (Wieczorrek und Mertens 2011, S. 317); (Bayrak 2007, S. 22); (Nielsen 2010c); (Nielsen 2010d); (Neal 2010); (Khanna und Gazal 2012, S. 479 ff.); (Hesseler und Görtz 2007, S. 98–103); (Konradin Mediengruppe 2011, S. 66)

Bei Anwendung der simultanen ES werden sämtliche Module unternehmensweit an einem Stichtag in Betrieb genommen. Im Gegensatz dazu kennzeichnet die sukzessive ES die sinnvolle Reihenfolge bei der Inbetriebnahme der Module (Nielsen 2008, S. 29 ff.); (Neal 2010). Studien zufolge ist die sukzessive ES mit geringem Vorsprung die am häufigsten verwendete Methode (The MPI Group 2012, S. 4); (Reimers 2001, S. 11). Mit 98 Prozent verwenden nahezu alle befragten Teilnehmer der Studie entweder die „Big-Bang"-, die „Step-by-Step"-Methode oder eine Kombination beider ES (Neal 2010). Unterschieden wird bei der sukzessiven ES nach Funktions- (Modul-Gruppierung) und Prozessorientierung (GP-Gruppierung) differenziert (Nielsen 2008, S. 31 f.).

2.1.2 Vorgehensmodelle

Nach der Enzyklopädie der Wirtschaftsinformatik umfasst ein VM (zur Einführung von Standardsoftware) alle zur erfolgreichen Produkteinsetzung notwendigen Aufgaben (Gronau 2012). Weiter beschreiben und regeln VM den gesamten Projektablauf (Hesseler und Görtz 2007, S. 114 f.) und stellen somit eine methodisch standardisierte Vorgehensweise dar (Nielsen 2010b).

	Entwickler	Vorgehen
Sure Step	Microsoft	Klassisch
Accelerated SAP	SAP	Klassisch
Accenture Delivery Methode	SAP	Klassisch
On Target	Microsoft	Klassisch
Target Enterprise	Baan	Klassisch
Scrum	Scrum Alliance	Agil
Agiles Projektmanagement	Gehnert	Agil
Rational Unified Process (RUP)	IBM	Agil
Schnelle Implementierung	Shields	Agil
Prototyping		Agil

Tabelle 2 Vorgehensmodelle
(RECO 2012)

Die grundsätzlichen IT-VM vernachlässigen einige wichtige Faktoren bzgl. ERP-Systemen. Dazu zählen bspw. soziale Komponenten (Stöckmann 2007, S. 3). Aus diesem Grund sind die herkömmlichen VM für ERP-Implementationen nur bedingt sinnvoll. Daher haben insb. ERP-Firmen und -Berater eigene VM (siehe Tabelle 2) – speziell für ERP-Projekte – entwickelt

(Kompalka und Riha 2010, S. 41). Eine detaillierte Betrachtung der einzelnen Vorgehensmodelle ist im Rahmen dieser Arbeit nicht möglich und wird daher vernachlässigt.

ERP-VM können nach klassischer und agiler Strategie unterschieden werden (RECO 2012, S. 8); (Nielsen 2010a). Die Tabelle 3 vergleicht die Merkmale beider Strategien, skizziert die Phasen der Modelle und stellt Sie hinsichtlich Vor- und Nachteilen gegenüber.

	Klassisch	Agil
Merkmale	- klassische, ingenieurmäßige Feinplanung (vorab) - zeitlich linearer Projektablauf - Rücksprung in vorherige Phase tlw. Erlaubt - Ähnlichkeit zum Wasserfallmodell (inkl. Vor-/Nachteile)	- Analyse, Anpassung & Umstellung iterativ - Einführungsprozess zerlegt in kleine Phasen - Test und Feedback nach jeder Iteration - Verbesserung mit jeder Iteration (flexible Optimierung) - vor allem bei kleineren Projekten angewendet
Phasen	1 Vorbereitung/Organisation des Einführungsprojektes 2 Detaillierte Analyse Ist-Situation & Feinkonzept der Soll-Umsetzung 3 Vollständige Anpassung der ERP-Software & Customizing 4 Vollständige Umstellung auf die neue ERP-Software 5 Betrieb der neuen ERP-Software sicherstellen	1 Vorbereitung & Organisation des Einführungsprojekts 2 Grobe Analyse Ist-Sit./ Konzeption grobe Soll-Umsetzung 3 Planung folgender Iterationen (grobe Inhalte) 4 Iteration 1 (betrachtet wird immer nur ein System-Teil) 5 Analyse Ist-Sit. & Benutzerfeedback (ab Iteration 2) 6 Soll-Konzeption des Ziel-ERP-Systemteils 7 Anpassung ERP-Software & Customizing 8 Test-Umstellungen auf neues ERP-System 9 Benutzerfeedback sammeln & analysieren 10 Iteration 2 bis n 11 wie Iteration 1 bis geplanter Soll-Zustand erreicht 12 Finale Umstellung auf neues ERP-System 13 Betrieb des neuen Systems sicherstellen
Vorteile	- klare, leicht verständliche Projektstruktur - einfachere Planbarkeit - besser geeignet für konkretere Zieldefinition	- flexibel, trotzdem strukturiert - reduzierte Komplexität - besser geeignet für sukzessive Strategie
Nachteile	- detailliertes Gesamtkonzept erforderlich - „starrer" Projektplan - viele Tätigkeiten/Risiken (je Phase)	- Gefahr eines unstrukturierten Projektplans - Erfolg hängt stark von Projektbeteiligten ab

Tabelle 3 Klassische/Agile VM: Merkmale, Phasen, Vor- und Nachteile
(Nielsen 2010a)

2.1.3 Kritische Erfolgsfaktoren

In der Literatur werden die mit einer ERP-Einführung verbundenen Risiken und Probleme als kritische Erfolgsfaktoren (KEF) bezeichnet sofern Sie für Erfolg und Misserfolg bestimmend sind (Dömer 1998, S. 101). Zunächst werden die globalen Erfolgsfaktoren betrachtet. KEF die im Hinblick auf China besondere Bedeutung haben werden unter 2.2 erläutert. Tabelle 4 zeigt die relevanten KEF und ordnet Verantwortlichkeiten zu.

Art	Faktor	Verantwortlichkeit
organisatorisch	- BPR (Geschäftsprozessneugestaltung)	Management, Projektteam
	- mangelnde Unterstützung des Managements	Management
	- fehlender Implementierungsfahrplan	Projektteam
	- ungenaue Zieldefinition	Management, Projektteam
	- Projektlaufzeit	Projektteam
menschlich	- Zeitmangel/Ausbildung/Schulung beteiligter MA	Management, Projektteam
	- Konsens- und Harmoniekultur	Management
	- Vorbehalte der MA	Management, Projektteam
	- Zuständigkeits- und Kompetenzgerangel	Management
technisch	- Datengenauigkeit	Management
	- Wahl des passenden Systems	Projektteam
	- zu viele Anpassungen (max. 30% als Richtwert)	Projektteam
	- Verlässlichkeit, Support, Erfahrung des ERP-Herstellers	Projektteam

Tabelle 4 Kritische Erfolgsfaktoren (global)
(Wildemann 2013); (Computerwoche 2010); (Treutlein 2013, S. 6 f.); (Ashish und Suman 2011, S. 60); (Hilgenberg 2013, S. 35 f.); (Holland und Light 1999, S. 31 ff.); (Yuanqiang Xia et al. 2009, S. 135 ff.)

2.2   ERP und China

Obwohl China inzwischen zu den führenden Industrienationen gehört (Handelsblatt 2012) gibt es (insb.) beim Thema ERP einige Besonderheiten die beachtet werden sollten um ERP-Systeme erfolgreich einzuführen. Trivial mag uns bspw. die chinesische Interpretation von Zahlen erscheinen – so steht die Zahl vier für den Tod, während die acht mit Reichtum assoziiert wird (Davison 2002, S. 110) – dies führt u.a. bei der Vergabe von Mitarbeiternummern zu Problemen. Mit dem grundlegenden Verständnis des Controllings, dem Einsatz von Budgetierungstechniken, der Erstellung von Kostenanalysen sowie einer leistungsorientierte Vergütung sind jedoch durchaus Gemeinsamkeiten zwischen China und Deutschland vorhanden (Haufe Online Redaktion 2011).

Kritische Erfolgsfaktoren für China

ERP-Systeme sind vornehmlich von westlichen Firmen unter Berücksichtigung der eigenen Unternehmenskultur entwickelt worden (Davison 2002, S. 109); (Yuanqiang Xia et al. 2009, S. 136). Das führt zu KEF welchen bei Projekten in China bezogen auf KMU besondere Bedeutung beizumessen ist. Darüber hinaus gibt es in China ebenfalls aus technischer Sicht Unterschiede. Bspw. das „Golden Taxation System" welches das Format für Ausgangsrechnungen vorschreibt (Hoffmann und Chiao 2010) (siehe dazu Anhang 7.1. Chinesische Buchführung).   Nachfolgend zeigt Tabelle 5 die ausgewählten KEF sowie technische und kulturelle Besonderheiten für diesen Fall.

KEF mit hohem Stellenwert	- *Unterstützung des Managements* - *BPR* - *Effektives Projektmanagement* - *unternehmensweites Engagement* - *unternehmensweite Akzeptanz* - *Ausbildung & Schulung der MA*
technisch bedingte Besonderheiten	- Datengenauigkeit - Finanzbuchhaltung in Mandarin - chinesische Buchhaltungs- (PRC-GAAP) und Steuervorgaben (VAT) - Ausrichtung des Systems an den Kern-Geschäftsprozessen - passendes System hinsichtlich der Branche - höhere Toleranz gegenüber Abweichungen - Kapitalmangel - häufig fehlende IT-Kompetenz - Unicode Unterstützung des Systems
kulturell bedingte Besonderheiten	- chinesische Organisationskultur - geringe Eigenständigkeit & Unabhängigkeit der MA - hoher Patriarchalismus/hoher Stellenwert von Hierarchien - hohe Konfliktvermeidung; direkte Kritik ist „verpönt" („das Gesicht wahren") - Zeitverständnis; (Zeit spielt nicht eine so große Rolle) - komplizierte Sprache und Schrift - Zugriff auf Unternehmensinformationen - Geschäftsbeziehungen sind persönliche Beziehungen

Tabelle 5 Besonderheiten China
(Zhang et al. 2003, S. 2 ff.); (Woo 2007, S. 435 ff.); (Hoffmann und Balis, S. 26 ff.); (Haufe Online Redaktion 2011); (Azteka Consulting GmbH 2013); (Yuanqiang Xia et al. 2009, S. 137 ff.); (Hoffmann 2013); (Liang et al. 2004, S. 70 f.); (Dong 2006, S. 344); (Martinsons et al. 2009, S. 119 ff.); (Mikosch 2004); (Davison 2002, S. 110 ff.); (GATE-Germany 2011, S. 54); (Weidner 2013); (Yuanqiang Xia et al. 2009, S. 136 ff.); (Hawking 2007, S. 27); (Scherer und Urban, S. 29); (Shanks et al. 2000, S. 2 f.); (Xue et al. 2005, S. 284 f.)

3   Konzeption

In diesem Kapitel wird die Konzeptentwicklung des ERP-Einführungsprojekts unter Berücksichtigung der vorgenannten theoretischen Grundlagen erläutert. Der Unterpunkt 3.2 beschreibt den Auswahlprozess des verwendeten ERP-Systems, im Anschluss daran wird unter 3.3 die Projektplanung behandelt.

3.1   Projektstart

Die Frage *„Verbiege ich die Software oder meine Firma?"* (Computerwoche 2010) sagt viel über ERP-Implementierungsprozesse aus. Aufgrund der geschilderten Besonderheiten ist bei diesem Projekt ein strukturiertes Vorgehen unabdingbar. Zum Projektstart wird gemeinsam mit dem AG die Optimierung der Lagerhaltungs- und Beschaffungsprozesse als Projektziel vereinbart.

Als Projektleiter (PL) wird der Autor festgelegt. Zudem spielen der Leiter des Einkaufs und der lokale Lagerverwalter wichtige Rollen als Key-User. Dem PL wird gestattet einen zusätzlichen MA für dieses Projekt zu rekrutieren.

Ziel in ist es nicht das Unternehmen als Ganzes mittels einer Unternehmenssoftware abzubilden sondern lediglich die priorisierten Prozesse u.a. durch Software-Einsatz zu optimieren. Alle ermittelten Anforderungen des AG für die sechs Monate der Projektlaufzeit

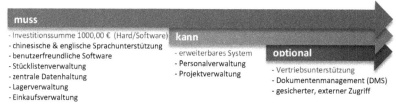

muss
- Investitionssumme 1000,00 € (Hard/Software)
- chinesische & englische Sprachunterstützung
- benutzerfreundliche Software
- Stücklistenverwaltung
- zentrale Datenhaltung
- Lagerverwaltung
- Einkaufsverwaltung

kann
- erweiterbares System
- Personalverwaltung
- Projektverwaltung

optional
- Vertriebsunterstützung
- Dokumentenmanagement (DMS)
- gesicherter, externer Zugriff

Abbildung 1 Vorgaben & Anforderungen des Auftraggebers

sind in nachfolgender Abbildung 1 dargestellt.

Darüber hinaus erwartet der AG vom PL Schulungen der MA durchzuführen und eine Dokumentation des Systems anzufertigen um den Weiterbetrieb sicherzustellen.

3.2   Auswahl des ERP-Systems

Für die Auswahl des geeigneten ERP-Systems folgt der Autor der Empfehlung eine systematische Auswahlmethodik zu verwenden (RECO 2012, S. 4). Dies führt in Anlehnung an die in der Literatur genannten Verfahren (Hesseler und Görtz 2007, S. 41–96); (Sontow 2012); (Sontow und Treutlein 2013, S. 6); (Treutlein 2013, S. 9); (Wildemann 2013) zum nachfolgenden Auswahlprozess. Einige Empfehlungen im Auswahlprozess sind aufgrund von vergleichsweise überschaubarem Projektumfang, nicht vorhandenem Altsystem, Verzicht auf einen externen Berater und Besonderheiten des Unternehmens hier nicht relevant. Speziell entwickelte VM für die Auswahl von (Standard-) Software erweisen sich für diesen Fall als zu umfangreich.

3.2.1 ERP-Systemvergleich

Für die Entscheidungsfindung werden in Tabelle 6 die möglichen Produktalternativen verglichen und bewertet. Resultierend daraus gilt es hinsichtlich Projektvorgaben unterschiedliche Vor- und Nachteile abzuwägen (Hoffmann 2013).

Anbieter	Chinesisch	Global	ERP für KMU	Open Source
Leistungsumfang	(+/-)	(++)	(+)	(+)
Anpassung an China	(++)	(+)	(+/-)	(+/-)
Service & Support	(-)	(++)	(++)	(-)
Lizenz-/ Wartungskosten	(+)	(--)	(-)	(++)
Benutzerfreundlichkeit	(-)	(+)	(+)	(-)

Tabelle 6 Vergleich ERP-Systeme

Die Budgetvorgabe des AG führt rückt (zwangsweise) Systeme auf Open Source (OS) Basis in den Fokus. Kommerzielle Systeme liegen deutlich über der Budgetvorgabe (Sontow 2012). Nach grober Kostenkalkulation entscheidet der AG daher das Projekt mit Hilfe eines OS Systems umzusetzen. Diesbezüglich gibt es jedoch einige Nachteile abzuwägen welche nachfolgend näher betrachtet werden.

3.2.2 Open Source ERP

OS ERP-Systeme sind umstritten, die Akzeptanz seitens Unternehmen (im deutschsprachigen Raum) hält sich in Grenzen (Wendehost 2012); (Gottwald 2012); (Joos 2013). Jedoch zeigen Umfragen eine Steigerung hinsichtlich des Einsatzes von OS ERP-Systemen (Bender et al. 2013, S. 20). Tabelle 7 stellt die Vor- und Nachteile von OS gegenüber.

Vorteile	Nachteile
- Kosten (Anschaffung & Wartung)	- Wartbarkeit/Support
- Anpassbarkeit	- Berater
- Nutzereinfluss (Weiterentwicklung)	- Anpassungsaufwand
- flexibel, schlank, agil	- Funktionalität
- Sicherheit & Transparenz	- Dokumentenimport

Tabelle 7 Open Source ERP Vor-/Nachteile

Shin et al. 2009, S. 1607 ff.); (Gottwald 2012); (Dittmann 2009); (Bundesministerium für Wirtschaft und Technologie 2001); (Bender et al. 2013, S. 19); (RECO 2010, S. 9)

3.2.3 Entscheidung

Das Projektteam kommt zu der Ansicht, die aus Nachteilen von OS ERP resultierenden Probleme lösen zu können. Ausschlaggebend sind der Kostenfaktor und die Besonderheit, nicht ein unternehmensweites ERP-System einzuführen. Nach einer Marktanalyse und der Zuhilfenahme vorhandener Informationen werden die beiden GPL-lizensierten Systeme *ADempiere* und *OpenERP* in die engere Wahl gefasst u.a. da sie einer Umfrage nach mit

Abstand am häufigsten eingesetzt werden (Neubert 2011, S. 33) (RECO 2010, S. 10 ff.); (RECO 2012, S. 10 ff.). Nachfolgend stellt Tabelle 8 die beiden Systeme gegenüber.

	OpenERP	ADempiere
Vorteile	- aktive Community - Funktionsvielfalt - gute Trennung von DB-, Anwendungsserver & Client - erfolgreiche Projekte in China - modulare Erweiterungen	- Große Funktionsvielfalt - Customizing - aktive Community
Nachteile	- Finanzbuchhaltungsanpassung	- modulare Erweiterungen - Dokumentation
Plattform	Linux, Microsoft	Linux, Microsoft, FreeBSD
Datenbanken	PostgreSQL	Oracle (XE), PostgreSQL
Programmiersprache	Python, XSL	Java
GUI	Web-basiert, GTK-Client	Web-basiert, Swing-Client
Schnittstellen	CSV, XML/RPC	Datev, EDI

Tabelle 8 Vergleich OpenERP und ADempiere
(RECO 2010, S. 15 ff.); (RECO 2012, S. 10 ff.) (OpenERP S.A. 2013e)

Nach einem Vergleich der beiden in Frage kommenden ERP-Systeme führen ein gemeinsam mit den Key-Usern durchgeführter Usability-Test, Tests der vorhandenen Online-Demos beider Hersteller, die Informationen bzgl. in China erfolgreich durchgeführter Projekte sowie der optional erhältliche Hersteller-Support zur Entscheidung für *OpenERP*. Eingeführt wird *OpenERP* in der Version 6.1 bei der es sich um die aktuellste Version handelt für die bei diesem Projekt benötigte Erweiterungen vorhanden sind.

3.2.4 Hardware-Auswahl

Nach der Festlegung, das System *OpenERP* zu nutzen stellt sich die Frage der Hardware-Anschaffungen. Die Hardware soll bei nutzerfreundlicher Administration neben der Bereitstellung des ERP-Systems zudem als Dateiserver fungieren sowie darüber hinaus eine Datensicherungsfunktion, eine zentrale Benutzerverwaltung und eine VPN-Server Funktionalität bereitstellen. Erneut ist vor allem die Vorgabe der begrenzten Investitionssumme ein wichtiges Kriterium.

Aufgrund der vorgenannten Vorgaben scheidet ein Windows basiertes Serversystem von vornherein aus. Recherchen und persönliche Erfahrungen seitens des PL führen dazu als Alternative zu einem herkömmlichen Linux-Server ein sog. NAS (Network Attached Storage) System in Betracht zu ziehen (Synology Inc. 2011a); (OpenERP S.A. 2013g).

Das ausgewählte System (DS213+) des Herstellers Synology kann bei günstigen Anschaffungskosten die geforderten Funktionalitäten bereitstellen (Synology Inc. 2013). Detaillierte Daten des Systems sind im Anhang unter 7.2 zu finden. Zunächst soll das System max. fünf Nutzer gleichzeitig bedienen. Sollte die Performance des Systems zukünftig nicht ausreichen ist eine problemlose (grafisch mittels Assistent geführte) Migration von *OpenERP* auf ein neues Serversystem möglich (OpenERP S.A. 2013a).

3.3 Projektplanung

Nach einer aktuellen Studie wird bei 61 Prozent der ERP-Einführungen die geplante Projektdauer überschritten (Panorama Consulting Solutions 2013, S. 14–20). Zudem sind die Probleme bei ERP-Implementationen weltweit in China am größten (Hoffmann 2013), so scheitern ERP-Einführungen in China rund dreimal häufiger als im Westen (Mullich 2011). Aus diesen Gründen bemisst der Autor der Projektplanung und der permanenten Zwischenkontrolle einen hohen Stellenwert bei.

3.3.1 Auswahl des Vorgehensmodells und der Einführungsstrategie

Unter Berücksichtigung der erläuterten Grundlagen entscheidet sich der Autor bei diesem Projekt für eine sukzessive Einführungsstrategie. Die Faktoren Zeit, erforderliche Flexibilität und insb. die Unwägbarkeiten aufgrund fehlender Erfahrung in chinesischen Unternehmen seitens des Autors sowie mangelnden Kenntnissen mit ERP-Systemen seitens der MA des Unternehmens veranlassen den Autor für dieses Projekt ein VM auf agiler Basis zu wählen. Trotz Projektvorgaben seitens des Managements von „VRCIC" sind Probleme im weiteren Verlauf zu erwarten, die durch Parallelisierung und zunehmende Konkretisierung im Projektverlauf beherrschbarer werden (RECO 2012, S. 8).

3.3.2 IST-Analyse

Das Unternehmen „VRCIC" verfügt zum Zeitpunkt des Projektstarts weder über eine betriebswirtschaftliche Software noch über eine zentrale Datenverwaltung. Alle GP werden mithilfe von Microsoft Excel Tabellen abgewickelt. Der Dateiaustausch erfolgt mithilfe von USB Sticks oder Ausdrucken da lediglich Client Computer vorhanden sind welche keine LAN-Freigaben nutzen. Ein weiteres Manko ist die Gesamtstruktur des firmeninternen Netzwerks (LAN). Die geschilderten Umstände sind jedoch in China keinesfalls unüblich (Quan et al. 2005, S. 70). So setzen in China derzeit 43 Prozent aller Unternehmen keine ERP-Lösung ein (Hoffmann 2013).

Die Abteilungen des Unternehmens verteilen sich auf zwei Stockwerke. Lediglich ein Wireless Router in der oberen Etage stellt die Internetverbindung für alle Anwender zur Verfügung. Dementsprechend schlecht sind vor allem die Verbindungsgeschwindigkeiten der Clients des unteren Stockwerks. Abgesehen von den technischen Problemen ist zu diesem Zeitpunkt niemand in der Lage Lagerbestände zuverlässig zu ermitteln.

Positiv anzumerken ist die Existenz von Produkt- und Stücklisten sowie weiteren Unternehmensrelevanten Daten in hauptsächlich digitaler Form. Trotz zahlreicher Versionskonflikte und englisch/chinesisch gemischten Dokumenten ermöglicht dies im weiteren Projektverlauf zumindest einen teilautomatisierten Datenimport.

3.3.3 SOLL-Umsetzung

Auf Basis der IST-Analyse und den AG Vorgaben wird ein Maßnahmenkatalog erstellt der gleichzeitig den groben Projektfahrplan darstellt. Unter Berücksichtigung der sukzessiven ES und des agilen VM werden Meilensteine bzw. Projektphasen als Iterationen festgelegt (siehe Tabelle 9).

Lfd.	Meilensteine
1	- Hardware-Installation - Software- Installation - Customizing
2	- Übernahme und Einpflegen von Testdaten - Heranführung der MA an das neue System
3	- Testbetrieb der Module Lager & Einkauf - Mitarbeiterschulungen - Anpassung der Geschäftsprozesse - Datenimport und –Eingabe
4	- Live-Betrieb der geforderten Module - Import & Nacherfassung weiterer Daten - Implementation zusätzlicher Funktionen - Support-Konzept

Tabelle 9 Projektphasen

D.h. nach Abschluss jeder Phase wird vor Umsetzung der nächsten ein Feedback im Rahmen von Projektmeetings durchgeführt und die Ergebnisse mit dem Soll-Zustand verglichen, gegebenenfalls wird dann nach jeder Iteration nachgebessert bis sich Soll- und Ist-Zustand der aktuellen Phase decken. Der gewünschte (End-)Soll-Zustand nach Ablauf der Projektlaufzeit ist der Betrieb des ERP-Systems für die Bereiche Lager- und Einkaufsverwaltung.

Alle weiteren Funktionen werden nach Vereinbarung mit dem AG als optional angesehen. Das nachfolgende Kapitel dokumentiert die ERP-Einführung ab der ersten Iteration. Die letzte Projektphase ist zu umfangreich für diese Arbeit und daher als Exkurs im Anhang unter dem Punkt 7.6 zu finden.

4 ERP-Einführung

Die Implementation beschränkt sich bei diesem Projekt auf ausgewählte Module des Gesamtsystems. Eine Komplettumstellung ist innerhalb der Projektdauer, mit dem vorgegebenen Budget und der vorhandenen Ausgangssituation nicht erreichbar.

4.1 Installation

Dieser Unterpunkt widmet sich der Installation von Hard- und Software welche im Rahmen des Projekts der ERP-Einführung durchgeführt wurde. Dies entspricht der ersten Projektphase.

4.1.1 Hardware

Aufgrund der unter 3.3.2 geschilderten Situation bzgl. Netzwerkinfrastruktur beschließt der PL die beiden Stockwerke mittels Verkabelung stabil miteinander zu verbinden um eine zuverlässige und performante Netzwerkanbindung aller Clients zu gewährleisten. Daher wird parallel die Netzwerkstruktur der Firma erweitert, optimiert und dokumentiert. (siehe Anhang 7.3)

4.1.2 Software

Die Softwareinstallation umfasst die Standard-Installation und Einrichtung des *OpenERP* Pakets auf dem Synology Server (Synology Inc. 2011b) sowie die Installation des Windows Clients für alle Key-User (OpenERP S.A. 2013d). Installation, Konfiguration und Inbetriebnahme des Servers werden in dieser Arbeit nicht behandelt. Durch die grafische Oberfläche (siehe Anhang unter 7.2) des verwendeten Servers können die geschilderten Schritte problemlos umgesetzt werden.

4.1.3 Customizing

Nach der Standardinstallation des Systems werden zur Erfüllung der Projektvereinbarungen nachfolgende Anpassungen vorgenommen. Dies umfasst im Wesentlichen die Festlegung globaler Parameter, die Aktivierung der Option die es erlaubt zusätzliche Module zu installieren (OpenERP S.A. 2012), die Installation/Einrichtung zusätzlicher Module, die Anpassung des Report-Designs, die Konfiguration von Benutzergruppen und –Richtlinien (OpenERP S.A. 2013f) und die Erstellung eingeschränkter Ansichten (sog. Views) für bestimmte Benutzer(gruppen). Detailliert sind die vorgenommenen Anpassungen im Anhang unter dem Punkt 7.4 aufgeführt.

Abbildung der Abteilungen im ERP-System

Im Rahmen des Customizing werden die Mitarbeiter, Lagerorte-Struktur, Produktkategorien und Abteilungen der Firma im System angelegt. Die Umsetzung der ersten Phase gestaltet sich problemlos.

4.2 Vorbereitung der Inbetriebnahme

Zur Vorbereitung der Inbetriebnahme zählen sämtliche Prozesse die als zweite Projektphase definiert sind (siehe 3.3.3).

4.2.1 Testdaten-Import

Als Testdaten werden zunächst einige Produktdaten von Hand im System hinterlegt. Zeitgleich findet das Einpflegen von zusätzlichen Stammdaten statt. Zusätzlich wird bei diesem Vorgang der im Rahmen des Projekts neu eingestellte Mitarbeiter mit dem System vertraut gemacht. An dieser Stelle fällt das Fehlen der Stücklistenverwaltungsfunktion auf. Diese ist im verwendeten System im Modul Produktion enthalten. Daher wird dieses Modul installiert und aktiviert.

4.2.2 Heranführung der Mitarbeiter an das System

Um die MA schrittweise an das neue System heranzuführen entscheidet sich der PL zusätzlich das Modul „Human Resources" (HR) zu implementieren. Die in diesem Modul integrierte Funktion zur Arbeitszeiterfassung erlaubt es, die MA durch Einführung der selbständigen Protokollierung eigener Anwesenheitszeiten langsam an die Nutzung des Systems heranzuführen.

Diese Maßnahme gestattet – mit verhältnismäßig geringem Aufwand – die Mitarbeiter (MA) in die Grundlagen der Nutzung des neuen ERP-Systems einzuführen. Sie stellt jedoch eine Abweichung zur Projektplanung (siehe 3.3.3) dar. Der PL erhofft sich eine von Beginn an gesteigerte Akzeptanz des neuen Systems, eine frühzeitige Identifizierung der Schwierigkeiten zukünftiger Nutzer und wenn möglich eine rasche Eliminierung dieser Probleme.

Kein MA hat bis dahin mit einem ERP-System gearbeitet. Trotz dieser Tatsache gestaltet sich die grundsätzliche Heranführung an die Arbeitsweise des neuen Systems vor allem dank der vollständigen chinesischen Übersetzung und der aufgeräumten Benutzeroberfläche (siehe Anhang 7.5) reibungsloser als angenommen. Im Anschluss an eine Grundlagenschulung aller zukünftigen Nutzer geht das Modul HR daher bereits vor offiziellem Abschluss der zweiten

Projektphase in den Testbetrieb. Der neu eingestellte MA erweist sich nicht nur bei sprachlichen Problemen als große Hilfe.

4.3 Testbetrieb

Nachfolgend wird die dritte Projektphase erläutert. Aufgrund der neu hinzugekommenen Module wird vereinbart auch Aufgaben der Personalverwaltung (Modul HR) und die Abwicklung von Reparaturaufträgen (Modul Produktion) durch das neue System zu unterstützen.

4.3.1 Mitarbeiterschulungen

62 Prozent der MA in China können keine oder nur sehr geringe Kenntnisse im Umgang mit ERP-Systemen vorweisen, geben 185 westeuropäische Unternehmen mit Niederlassungen in China in einer Befragung an (Hoffmann 2013).

Aufbauend auf der bereits durchgeführten Grundlagenschulung werden die MA der Abteilungen Einkauf, Lager und Personal spezifisch geschult. MA der Lagerverwaltung und (aufgrund von Überlappungen) der Einkaufsabteilung werden darin unterwiesen, manuelle (Erst-)Inventuren durchzuführen, Produkte und Komponenten einzupflegen, Lagerbestände zu ermitteln sowie Stücklisten anzulegen.

Die Serviceabteilung wird angelernt, interne und externe Reparaturaufträge mithilfe des Systems abzuwickeln und zu dokumentieren.

Die Schulung der Personalabteilung beinhaltet Informationen und Anleitungen zu den Funktionen MA-, Arbeitsvertragsverwaltung sowie zu betrieblichen Einstellungsprozessen.

4.3.2 Anpassung und Optimierung von Geschäftsprozessen (BPR)

Einige GP werden komplett neu eingeführt weshalb die Schwierigkeiten der Umstellung hier eher gering ausfallen. Wie zu erwarten treten bei Prozessen welche neu in die Firma gekommene Mitarbeiter betreffen die wenigsten Probleme auf.

In den Bereichen Einkauf und Personal gestaltet sich das BPR jedoch äußerst schwierig. Der PL schließt in diesem Stadium selbst ein Scheitern des Projekts nicht aus. Einerseits arbeiten in beiden Bereichen MA die seit mehr als sieben Jahren ihre Arbeitsweisen, -Abläufe und – Methoden gefestigt haben. Andererseits erschweren Vorgaben seitens des Managements eine Optimierung der Prozesse.

Im Bereich Personal existiert kein systematisches Vorgehen für Rekrutierungsmaßnahmen, speziell die Verwaltung der Bewerber ist gelinde gesagt planlos. Eine weitere Schwierigkeit ist eine unklare Verteilung von Kompetenzen. Teilweise führen etwa Mitarbeiter anderer Abteilungen ohne Einbezug der Personalabteilung Bewerberinterviews usw. durch. Linderung der Probleme wird hier nur durch permanentes Intervenieren mit Einbezug des Managements erreicht. Die Probleme sind hier auch bei Projektabschluss nicht vollständig gelöst, glücklicherweise jedoch nicht erfolgsrelevant.

Im Bereich Einkauf werden Bestellungen bisher größtenteils erst ausgelöst nachdem ein Kundenauftrag eingegangen ist und evtl. vorhandene Bestände von Komponenten manuell geprüft wurden. Bestellmengen sind sehr ungenau (*„einfach mehr als benötigt"*). Es gibt keine (einheitliche) Dokumentation von Lieferanten oder Preisen für kontinuierlich bestellte Komponenten. Zudem müssen alle Bestellvorgänge vom Management autorisiert werden.

Schnell wird auch vorsichtig geäußerte Kritik hier persönlich aufgefasst. Darüber hinaus fürchtet der betreffende MA die Transparenz des neuen Systems und sieht seine Position gefährdet. Der MA ist seit Gründung des Standorts im Unternehmen und u.a. aufgrund seiner (inoffiziellen) hierarchischen Stellung im Unternehmen (auf seine chinesisch höfliche Art) schlicht beratungsresistent.

Mithilfe des Managements werden daher Kompetenzen unmissverständlich zugeordnet und dem Einkauf wird erlaubt bis zu bestimmten Beträgen selbständig Bestellungen zu veranlassen. Der neu eingestellte Projekt-MA assistiert dem Leiter des Einkaufs beim Einpflegen vorhandener und zukünftiger Daten. Dies verhindert eine zusätzliche Arbeitsbelastung und damit einhergehende totale Ablehnung des neuen Systems. Darüber hinaus sollen die Vorteile des Systems hinsichtlich Bestands- und Bedarfsermittlung kontinuierlich bei Eingang neuer Kundenaufträge demonstriert werden. Hier wird ein Kompromiss, jedoch keine Lösung der Probleme erzielt.

4.3.3 Datenimport und –Eingabe

Der Datenimport vorhandener Daten wird mit Importfiltern realisiert. Vom Umfang her müssen im ersten Schritt etwa 750 End- und Vorprodukte nebst zugehöriger Stücklisten angelegt oder in das neue System übernommen werden. Problematisch sind verschiedene Formate und Redundanz der vorhandenen Daten.

Zunächst entwickeln PL, Lagerverwaltung, Management und Produktionsleitung daher gemeinsam ein einheitliches Format für Stück- und Produktlisten auf Grundlage der vorhandenen Daten. Im Anschluss werden die Daten nach und nach in das korrekte Format gebracht und zeitgleich die Importfilter für dieses Format im System definiert. Es erweist sich als vorteilhaft kleinere, detaillierte Arbeitspakete (als üblich) für Projekt-MA zu erstellen. Dies erleichtert die Führung der Projekt-MA ungemein (Weidner 2013).

Die Dokumentation der vierten und damit letzten Projektphase ist für diese Arbeit zu umfangreich und daher als Exkurs im Anhang unter dem Punkt 7.6 Projektabschluss zu finden.

5 Fazit und Ausblick

Der chinesische Markt ist auch für westliche Firmen von enormer Bedeutung. Angesichts stagnierender Umsatzzahlen in vielen Branchen der westlichen Industriekultur müssen sich auch zukünftig mehr und mehr Unternehmen nach Asien – dem aktuellen Wachstumsmarkt Nummer eins – hin orientieren. Der Volkswagen Konzern verkauft bereits jetzt etwa jedes dritte Auto in China (Doll 2013). Mit 2012 etwa 1,354 Mrd. Einwohnern (Botschaft der Bundesrepublik Deutschland Peking 2013) sind die Dimensionen des in China entstehenden Binnenmarktes eine Größenordnung für sich. Doch wie bei jeder Chance bieten sich auch hier Risiken.

Diese Arbeit behandelt die Einführung einer integrierten, vornehmlich in der westlichen Welt entwickelten, betriebswirtschaftlichen Software in einem mittelständischen, chinesischen Unternehmen. Dabei wird ersichtlich wie trotz ordnungsgemäßer und sorgfältiger Planung eine vorab festgelegte Projektstruktur beim Aufeinandertreffen zweier unterschiedlicher Kulturen flexibel den Umständen angepasst und somit der Projektfahrplan geändert werden muss. Denn „Der Vorteil von ERP-Systemen – ihr integrierter Ansatz – kann sich [...] nachteilig auswirken" (Hilgenberg 2013, S. 34). In unserer Kultur als durchweg vorteilhaft angesehene Funktionen können am anderen Ende der Welt Angst und Ablehnung auslösen.

Es wird deutlich wie essentiell wichtig ein systematisches Vorgehen unter Berücksichtigung globaler und spezieller kritischer Erfolgsfaktoren bei Auswahl und Einführung von ERP-Software ist. Trotz der aufgetretenen Probleme wird das Gesamtergebnis von allen Beteiligten als erfolgreich bewertet. Einerseits konnten einige Ziele nicht in vollem Umfang umgesetzt werden, andererseits wurden Ziele realisiert deren Bedeutung beim Projektstart noch gar nicht feststand. Das installierte VPN Gateway ermöglicht jetzt beispielsweise den Zugriff auf Geschäftsinformationen von allen Standorten des Unternehmens und für MA auf Geschäftsreisen. Doch IT ist und bleibt lediglich ein Tool und ist kein „Allheilmittel" (Lewis 2012).

Der Autor hat wertvolle Erfahrungen bzgl. Projektleitung, ERP-Einführungen und der Zusammenarbeit in einem internationalem Team machen können. Die Firma „VRCIC" hat einen großen Schritt hin zu mehr Organisation vollzogen und hinsichtlich neuer Trends im ERP Bereich (Computerwoche 2012) sowie im lokalen Vergleich ist das Unternehmen dadurch deutlich besser aufgestellt als vorher. Vor Ort gibt es jetzt einen Mitarbeiter der bei der Einführung des ERP-Systems maßgeblich mitgewirkt hat und selbständig den grundsätzlichen Weiterbetrieb des Systems gewährleisten kann.

6 Literaturverzeichnis

Ashish, Kumar Dixit; Suman, Yadav (2011): A study of Issues & challenges affecting ERP implementation in SMEs. In: *Global Journal of Enterprise Information System* 3 (1), S. 54–62, zuletzt geprüft am 24.09.2013.

Azteka Consulting GmbH (2013): Grundsätze ordnungsgemäßer Buchführung in China. Mannheim. Online verfügbar unter *http://www.chinaerp.de/firma/gaap*, zuletzt aktualisiert am 27.09.2013, zuletzt geprüft am 27.09.2013.

Bayrak, Ela Sibel (2007): ERP-Einführungsstrategien. In: *ERP Management* 3 (4), S. 21–24.

Bender, Susanne; Dobbert, Daniel; Krühne, Sebastian; Röver, Christian (2013): Marktübersicht über ERP- Systeme und deren Anbieter. Universität der Bundewehr. München. Online verfügbar unter *http://de.slideshare.net/ChrRoe/marktbersicht-erp-systeme*, zuletzt aktualisiert am 08.02.2013, zuletzt geprüft am 30.09.2013.

Botschaft der Bundesrepublik Deutschland Peking (2013): Wirtschaftsdaten kompakt. China 1. Halbjahr 2013. Peking. Online verfügbar unter *http://www.china.diplo.de/contentblob/3443046/Daten/3468493/1201Wirtschaftsdatendd.pdf*, zuletzt aktualisiert am 18.09.2013, zuletzt geprüft am 27.09.2013.

Computerwoche (2012): Zehn Trends prägen den ERP-Markt 2013. München. Online verfügbar unter *http://www.computerwoche.de/a/zehn-trends-praegen-den-erp-markt-2013,1236481*, zuletzt aktualisiert am 21.12.2012, zuletzt geprüft am 27.09.2013.

Computerwoche (2010): ERP-Einführung: Verbiege ich die Software oder meine Firma? München. Online verfügbar unter *http://www.computerwoche.de/a/verbiege-ich-die-software-oder-meine-firma,1892251*, zuletzt aktualisiert am 27.08.2010, zuletzt geprüft am 27.09.2013.

Computerwoche (2008): ERP als Wettbewerbsvorteil. München. Online verfügbar unter *http://www.computerwoche.de/a/erp-als-wettbewerbsvorteil,1223389*, zuletzt aktualisiert am 30.04.2008, zuletzt geprüft am 27.09.2013.

Davison, Robert (2002): Cultural complications of ERP. In: *Commun. ACM* 45 (7), S. 109–111. DOI: 10.1145/514236.514267.

Doll, Nikolaus (2013): Chinas Autohunger rettet Volkswagen die Bilanz. Die Welt. Online verfügbar unter *http://www.welt.de/wirtschaft/article118571871/Chinas-Autohunger-rettet-Volkswagen-die-Bilanz.html*, zuletzt aktualisiert am 31.07.2013, zuletzt geprüft am 06.10.2013.

Dömer, Fabian (1998): Migration von Informationssystemen. Erfolgsfaktoren für das Management. Wiesbaden: DUV, Dt. Univ.-Verl. (DUV : Wirtschaftsinformatik).

Dong, Li-min (2006): Path Selection of China's Small and Medium-Sized Enterprises to Avoid ERP Black Hole. In: Henry Zhang, Rui Mei Zhao und Lisa Chen (Hg.): Proceedings of the Eighth West Lake International Conference on SMB. The Eighth West Lake International Conference on SMB. Hangzhou, P.R. China, October 15-17: Orient Academic Forum, S. 343–347.

Ehmer, Philipp (2011): Strukturwandel in China: Industrie prägt vorerst wirtschaftliche Entwicklung. Hg. v. Deutsche Bank Research. Frankfurt a.M.

Franken, Svetlana (2008): Interkulturelles Management in deutsch-chinesischen Kooperationen. Fachhochschule Köln. Köln. Online verfügbar unter *http://www.wi.fh-koeln.de/homepages/s-franken/docs/Interkulturelles%20Management/09IM-China.pdf*, zuletzt aktualisiert am 10.06.2008, zuletzt geprüft am 30.09.2013.

Fuchs, Manuel (2013): Globalisierung und Folgen für Umwelt. Hg. v. Fuchs Media Solutions. Donaueschingen. Online verfügbar unter *http://www.globalisierung-fakten.de/globalisierung-informationen/globalisierung-und-folgen-fuer-umwelt/*, zuletzt aktualisiert am 30.09.2013, zuletzt geprüft am 30.09.2013.

GATE-Germany (2011): Länderprofile Analysen – Erfahrungen – Trends. Edition China. Bonn, zuletzt aktualisiert am 01.03.2011, zuletzt geprüft am 27.09.2013.

Geinitz, Christian (2013): Arbeitskosten: China ist kein Billigstandort mehr. Hg. v. Frankfurter Allgemeine Zeitung GmbH. Peking. Online verfügbar unter *http://www.faz.net/aktuell/wirtschaft/arbeitskosten-china-ist-kein-billigstandort-mehr-12116248.html*, zuletzt aktualisiert am 15.03.2013, zuletzt geprüft am 30.09.2013.

Gottwald, Michael (2012): Warum sich Open Source im ERP-Markt nicht durchsetzt. Hg. v. ZDNet.de. Online verfügbar unter *http://www.zdnet.de/41561589/warum-sich-open-source-im-erp-markt-nicht-durchsetzt/?print=1*, zuletzt aktualisiert am 16.04.2012, zuletzt geprüft am 27.09.2013.

Gronau, Norbert (2012): Enzyklopaedie der Wirtschaftsinformatik: Vorgehensmodelle zur Einführung von Standardsoftware. Hg. v. Lehrstuhl für Wirtschaftsinformatik. Europa-Universität Viadrina. Frankfurt (Oder). Online verfügbar unter *http://www.enzyklopaedie-der-wirtschaftsinformatik.de/wi-enzyklopaedie/lexikon/is-management/Einsatz-von-Standardanwendungssoftware/Vorgehensmodelle-zur-Einfuhrung-von-Standardsoftware*, zuletzt aktualisiert am 22.08.2012, zuletzt geprüft am 27.09.2013.

GTAI (2013): Lohn- und Lohnnebenkosten - VR China. Hg. v. Germany Trade & Invest. Online verfügbar unter *http://www.gtai.de/GTAI/Navigation/DE/Trade/maerkte,did=739508.html*, zuletzt aktualisiert am 10.01.2013, zuletzt geprüft am 30.09.2013.

Handelsblatt (2012): China könnte USA 2016 als größte Wirtschaftsmacht ablösen. Online verfügbar unter *http://www.handelsblatt.com/politik/international/oecd-prognose-china-koennte-usa-2016-als-groesste-wirtschaftsmacht-abloesen-/7370124.html*, zuletzt aktualisiert am 09.11.2012, zuletzt geprüft am 04.10.2013.

Haufe Online Redaktion (2011): Controlling in China: Unterschiede und Gemeinsamkeiten gegenüber Deutschland. Hg. v. Haufe-Lexware GmbH & Co. KG. Freiburg. Online verfügbar unter *http://www.haufe.de/controlling/controllerpraxis/controlling-in-china-unterschiede-und-gemeinsamkeiten_112_70960.html*, zuletzt aktualisiert am 21.07.2011, zuletzt geprüft am 27.09.2013.

Hawking, Paul (2007): Implementing ERP Systems Globally: Challenges and Lessons Learned for Asian Countries. In: *Journal of Business Systems, Governance and Ethics* 2 (1), S. 21–32, zuletzt geprüft am 27.09.2013.

Hesseler, Martin; Görtz, Marcus (2007): Basiswissen ERP-Systeme. Auswahl, Einführung und Einsatz betriebswirtschaftlicher Standardsoftware. Herdecke, Witten: W3L-Verl. (IT lernen). Online verfügbar unter *http://books.google.de/books?id=vZWVpzEoEbAC*.

Hilgenberg, Bernd (2013): Woran ERP-Projekte wirklich scheitern. In: *Computerwoche* 2013, 2013 (3), S. 34–36, zuletzt geprüft am 27.09.2013.

Hoffmann, Eberhard (2013): Zwischen Jinshui und Guanxi: ERP-Einführung in China. Hg. v. Computerwoche. München. Online verfügbar unter *http://www.computerwoche.de/a/print/erp-einfuehrung-in-china,2499622*, zuletzt aktualisiert am 27.09.2013, zuletzt geprüft am 27.09.2013.

Hoffmann, Eberhard (2010): Get the ERP System for your China Operation Right. Tips to Pick out the Suitable System and Capable Supplier. Hg. v. RightSite Website Technology Co Ltd. Shanghai. Online verfügbar unter *http://rightsite.asia/en/article/get-erp-system-your-china-operation-right*, zuletzt aktualisiert am 27.09.2013, zuletzt geprüft am 27.09.2013.

Hoffmann, Eberhard; Balis, Ryan: ERP Selection Made Easy. In: *Industry Insight* (April), S. 26–29.

Hoffmann, Eberhard; Chiao, Michael (2010): Das Golden Taxation System (Jinshui). ABiC Information Systems. Online verfügbar unter *http://www.china-briefing.com/news/de/das-golden-taxation-system-jinshui.html/*, zuletzt aktualisiert am 02.02.2010, zuletzt geprüft am 05.10.2013.

Holland, Christopher P.; Light, Ben (1999): A Critical Success Factors Model for Enterprise Resource Planning Implementation. In: *IEEE Softw.* 16 (3), S. 30–36. DOI: 10.1109/52.765784.

Imhausen, Hans-Peter (2004a): ERP (Enterprise Resource Planning). Hg. v..pfif. Ingenieurbüro. Reichshof. Online verfügbar unter *http://www.pfif.de/html/erp.html*, zuletzt aktualisiert am 11.11.2004, zuletzt geprüft am 30.09.2013.

Imhausen, Hans-Peter (2004b): Vorgehensmodell zur prozessorientierten Einführung von ERP-Systemen. Hg. v..pfif. Ingenieurbüro. Reichshof. Online verfügbar unter *http://www.pfif.de/html/einfuhrung.html*, zuletzt aktualisiert am 11.11.2004, zuletzt geprüft am 27.09.2013.

Joos, Thomas (2013): Wo KMUs Open-Source-Alternativen finden: ERP und CRM für den Mittelstand. Hg. v. Computerwoche. München. Online verfügbar unter *http://www.computerwoche.de/a/erp-und-crm-fuer-den-mittelstand,2531849*, zuletzt aktualisiert am 10.07.2013, zuletzt geprüft am 27.09.2013.

Khanna, Kamal; Gazal, Preet Arneja (2012): Choosing an Appropriate ERP Implementation Strategy. In: *IOSRJEN* 02 (03), S. 478–483. DOI: 10.9790/3021-0203478483.

Kompalka, Katharina; Riha, Iwo (2010): Erfolgsfaktoren und Fallstricke globaler ERP-Harmonisierungsprojekte. In: *ERP Management* 6 (3), S. 41–44.

Konradin Mediengruppe (2011): Konradin ERP-Studie 2011: Einsatz von ERP-Lösungen in der Industrie. Leinfelden-Echterdingen. Online verfügbar unter *http://www.industrieanzeiger.de/c/document_library/get_file?uuid=9ebf7124-0928-44c0-b63a-33d428242c4e&groupId=32571342*, zuletzt aktualisiert am 01.03.2011, zuletzt geprüft am 03.10.2013.

Lewis, Simon (2012): Coffee, tea and ERP. Traditional family businesses face difficult decisions as they move to modernise, writes Simon Lewis. Hg. v. South China Morning Post. South China Morning Post. Online verfügbar unter *http://www.scmp.com/article/558635/coffee-tea-and-erp*, zuletzt aktualisiert am 11.08.2012, zuletzt geprüft am 27.09.2013.

Liang, Huigang; Xue, Yajiong; Boulton, William R.; Byrd, Terry Anthony (2004): Why Western vendors don't dominate China's ERP market. In: *Commun. ACM* 47 (7), S. 69–72. DOI: 10.1145/1005817.1005824.

Martinsons, Maris G.; Davison, Robert M.; Martinsons, Valdis (2009): How culture influences IT-enabled organizational change and information systems. In: *Commun. ACM* 52 (4), S. 118–123. DOI: 10.1145/1498765.1498798.

Mikosch, Bernd (2004): Unternehmenskultur: Deutsche Regeltreue und chinesische Flexibilität. In: *Frankfurter Allgemeine Zeitung*, 30.07.2004 (176), S. 49. Online verfügbar unter *http://www.faz.net/aktuell/beruf-chance/unternehmenskultur-deutsche-regeltreue-und-chinesische-flexibilitaet-1176798.html#Drucken,* zuletzt geprüft am 27.09.2013.

Mullich, Joe (2011): Enterprise Technology: China's Business Process Evolution. Interview mit Mukesh Srivastava. The Wall Street Journal.

Naujoks, Frank (2009): ERP-Software goes China: Was Sie beim IT-Projekt in Fernost beachten müssen. Hg. v. Computerwoche. München. Online verfügbar unter *http://www.computerwoche.de/a/print/was-sie-beim-it-projekt-in-fernost-beachten-muessen,1895198*, zuletzt aktualisiert am 08.05.2009, zuletzt geprüft am 27.09.2013.

Neal, Houston (2010): ERP Implementation Strategies – A Guide to ERP Implementation Methodology. Hg. v. Inc Software Advice. Online verfügbar unter *http://blog.softwareadvice.com/articles/manufacturing/erp-implementation-strategies-1031101/*, zuletzt aktualisiert am 01.04.2010, zuletzt geprüft am 04.10.2013.

Neubert, Falk (2011): Open-Source ERP-Lösungen: Für wen sind diese Systeme eine Alternative? Universität Osnabrück. Online verfügbar unter *http://www.ebusiness-lotse-ruhr.de/sites/default/files/vortraege/neubert-110526.pdf*, zuletzt aktualisiert am 26.05.2011, zuletzt geprüft am 06.10.2013.

Nielsen, Lars (2010a): Vorgehensmodell zur ERP-Einführung: Agile versus klassische Vorgehensmodelle bei der ERP-Softwareeinführung. Hg. v. Lars Nielsen. Düsseldorf. Online verfügbar unter *http://www.erp-einfuehrung.info/erp-grundladen/agile-versus-klassische-vorgehensmodelle-bei-der-erp-softwareeinfuhrung/*, zuletzt aktualisiert am 27.09.2013, zuletzt geprüft am 27.09.2013.

Nielsen, Lars (2010b): Vorgehensmodell zur ERP-Einführung: Was ist ein Vorgehensmodell? Hg. v. Lars Nielsen. Düsseldorf. Online verfügbar unter *http://www.erp-einfuehrung.info/erp-grundladen/was-ist-ein-vorgehensmodell-kurze-erklarung/*, zuletzt aktualisiert am 27.09.2013, zuletzt geprüft am 27.09.2013.

Nielsen, Lars (2010c): Vorgehensmodell zur ERP-Einführung: Was ist eine "simultane" ERP-Einführungsstrategie? Hg. v. Lars Nielsen. Düsseldorf. Online verfügbar unter *http://www.erp-einfuehrung.info/erp-grundladen/was-ist-eine-simultane-erp-einfuhrungsstrategie/*, zuletzt aktualisiert am 27.09.2013, zuletzt geprüft am 27.09.2013.

Nielsen, Lars (2010d): Vorgehensmodell zur ERP-Einführung: Was ist eine "sukzessive" Einführungsstrategie? Düsseldorf. Online verfügbar unter *http://www.erp-einfuehrung.info/erp-grundladen/was-ist-eine-sukzessive-einfuhrungsstrategie/*, zuletzt aktualisiert am 27.09.2013, zuletzt geprüft am 27.09.2013.

Nielsen, Lars (2008): Vorgehensmodell zur ERP-Einführung in kleinen und mittelständischen Unternehmen aus der Perspektive eines Softwarehauses. Diplomarbeit. München, Ravensburg: GRIN Verl.

OpenERP S.A. (2013a): How to proceed for your database migration? Online verfügbar unter *https://doc.openerp.com/install/migration/migration/*, zuletzt aktualisiert am 06.10.2013, zuletzt geprüft am 06.10.2013.

OpenERP S.A. (2013b): Introduction to Licenses. Online verfügbar unter *https://doc.openerp.com/legal/license/*, zuletzt aktualisiert am 04.10.2013, zuletzt geprüft am 04.10.2013.

OpenERP S.A. (2013c): OpenERP Book: OpenERP Documentation v6.1. Online verfügbar unter *https://doc.openerp.com/v6.1/*, zuletzt aktualisiert am 04.10.2013, zuletzt geprüft am 04.10.2013.

OpenERP S.A. (2013d): OpenERP Client Installation. Online verfügbar unter *https://doc.openerp.com/6.0/install/windows/client/*, zuletzt aktualisiert am 04.10.2013, zuletzt geprüft am 04.10.2013.

OpenERP S.A. (2013e): OpenERP - Partners in China. Want services on OpenERP? Contact a local partner. Online verfügbar unter *https://www.openerp.com/partners/directory/CN/China*, zuletzt aktualisiert am 27.09.2013, zuletzt geprüft am 27.09.2013.

OpenERP S.A. (2013f): Security in OpenERP: users, groups — OpenERP Server Developers Documentation 7.0b documentation. Online verfügbar unter *https://openerp-server.readthedocs.org/en/latest/04_security.html*, zuletzt aktualisiert am 18.07.2013, zuletzt geprüft am 04.10.2013.

OpenERP S.A. (2013g): Hardware requirements - NAS vs 'real' Server - OpenERP Help. Online verfügbar unter *http://help.openerp.com/question/2181/hardware-requirements-nas-vs-real-server/*, zuletzt aktualisiert am 20.02.2013, zuletzt geprüft am 06.10.2013.

OpenERP S.A. (2012): OpenERP • View topic - [SOLVED] How to add new modules to the standard module list? Online verfügbar unter *http://forum.openerp.com/forum/topic33773.html*, zuletzt aktualisiert am 16.08.2012, zuletzt geprüft am 04.10.2013.

Panorama Consulting Solutions (2013): 2013 ERP Report. Hg. v. Panorama Consulting Solutions. Denver, CO, USA. Online verfügbar unter *http://go.panorama-consulting.com/2013ERPReport_Download.html*, zuletzt geprüft am 30.09.2013.

Quan, Jing; Hu, Qing; Wang, Xinan (2005): IT is not for everyone in China. In: *Commun. ACM* 48 (4), S. 69–72. DOI: 10.1145/1053291.1053321.

RECO (2012): ERP-Lösungen auf Basis Freier Software (2). Für kleine und mittlere Unternehmen und Handwerksbetriebe - Teil 2: ERP-Auswahl und -Einführung sowie Testberichte ADempiere und OpenZ. Regionalcentrum für Electronic Commerce Anwendungen Osnabrück. Osnabrück. Online verfügbar unter *http://www.wt-os.de/fileadmin/user_upload/alle/reco/erp/ERP-Leitfaden-2012.pdf*.

RECO (2010): ERP-Lösungen auf Basis Freier Software (1). Für kleine und mittlere Unternehmen und Handwerksbetriebe 1. Teil: Marktübersicht. Hg. v. Regionalcentrum für Electronic Commerce Anwendungen Osnabrück und Institut für Informations-Management und Unternehmensführung Universität Osnabrück. Osnabrück. Online verfügbar unter *http://www.ebusiness-lotse-berlin.de/data/files/unterlagen/20100121_leitfaden-erp-oss.pdf*, zuletzt aktualisiert am 20.09.2013, zuletzt geprüft am 20.09.2013.

Reimers, Kai (2001): Implementing ERP Systems in China. Report on a Questionnaire Survey. Hg. v. Tsinghua University School of Economics and Management. Beijing.

Schatz, Anja; Egri, Peter; Sauer, Marcus: Open Source ERP. Reasonable tools for manufacturing SMEs? Hg. v. Fraunhofer Institute for Manufacturing Engineering and Automation und Computer and Automation Research Institute Hungarian Academy of Scinces.

Scherer, Eric; Urban, Miriam: ERP-Projekte in China erfolgreich managen. In: *IT Business* 2008 (1), S. 28–29, zuletzt geprüft am 27.09.2013.

Schmitt, Stefanie (2013): Wirtschaftstrends Jahresmitte 2013 - VR China. Hg. v. Germany Trade and Invest GmbH. Online verfügbar unter *https://www.gtai.de/GTAI/Navigation/DE/Trade/maerkte,did=816018.html*, zuletzt aktualisiert am 30.09.2013, zuletzt geprüft am 30.09.2013.

Shanks, G.; Parr, A.; Hu, B.; Corbitt, B.; Thanasankit, T.; Seddon, P. (2000): Differences in Critical Success Factors in ERP Systems Implementation in Australia and China. A Cultural Analysis. In: Wirtschaftsuniversität Wien (Hg.): Proceedings of the 8th European Conference on Information Systems 2000 Conference - ECIS 2000. ECIS 2000 - 8th European Conference on Information Systems 2000 Conference. Vienna, Austria, July 3-5. Online verfügbar unter *http://citeseerx.ist.psu.edu/viewdoc/similar?doi=10.1.1.133.4427&type=cc,* zuletzt geprüft am 27.09.2013.

Sontow, Karsten (2012): Neue Tipps zur ERP-Auswahl: So kommen Sie auf den ERP-Trichter. Hg. v. Computerwoche. München. Online verfügbar unter *http://www.computerwoche.de/a/so-kommen-sie-auf-den-erp-trichter,2494295*, zuletzt aktualisiert am 29.03.2012, zuletzt geprüft am 27.09.2013.

Sontow, Karsten; Treutlein, Peter (2013): ERP erneuern und IT-Investitionen sichern mit System. In: ERP Die Renovierung steht an. Computerwoche "Mittelstand" 2013 (19). München: IDG Business Media GmbH, S. 4–6.

Stöckmann, Anja (2007): Vorgehensmodelle zur Einführung von ERP Software: AcceleratedSAP (ASAP) und Accenture Delivery Methods (ADM). Universität Hannover. Online verfügbar unter *http://archiv.iwi.uni-hannover.de/lv/seminar_ws06_07_de/Stoeckmann/files/pdf.pdf*.

Synology Inc. (2013): DS213+ Produkte - Synology Inc. Network Attached Storage (NAS) - Die NEUE NAS-Erfahrung. Online verfügbar unter *http://www.synology.com/products/product.php?product_name=DS213%2B&lang=deu*, zuletzt aktualisiert am 06.10.2013, zuletzt geprüft am 06.10.2013.

Synology Inc. (2011a): Synology® Veröffentlicht OpenERP Paket für seine NAS-Server - Neuigkeiten - Synology Inc. Network Attached Storage (NAS) - Die NEUE NAS-Erfahrung. Online verfügbar unter *http://www.synology.de/support/news.php?lang=deu&news_id=311*, zuletzt aktualisiert am 25.10.2011, zuletzt geprüft am 06.10.2013.

Synology Inc. (2011b): Start your Business with OpenERP & DiskStation. Online verfügbar unter *http://blog.synology.com/blog/?p=505*, zuletzt aktualisiert am 29.09.2011, zuletzt geprüft am 04.10.2013.

The Economist (Hg.) (2011): Comparing Chinese provinces with countries: All the parities in China. Online verfügbar unter *http://www.economist.com/content/all_parities_china*, zuletzt aktualisiert am 25.02.2011, zuletzt geprüft am 30.09.2013.

The MPI Group (2012): 2012 ERP STUDY: Implementation and Usage Trends for SaaS/Cloud vs. Traditional Systems. Hg. v. Plex Systems. Shaker Heights, OH, USA. Online verfügbar unter http://www.plex.com/wordpress/wp-content/uploads/2012/04/MPI_ERPStudy_ExecSummary_021113.pdf.

Treutlein, Peter (2013): ERP-Evaluation: IT-Investitionen sicher treffen. In: Business Guide Enterprise Resource Planning 2013. isi Medien GmbH, S. 6–9. Online verfügbar unter http://www.isreport.de/fileadmin/user_upload/Files%20ERP/.

twago (2010): Kulturelle Unterschiede und Internationale Zusammenarbeit: China im Kommen. Team2Venture GmbH. Online verfügbar unter http://www.twago.de/blog/2010/02/25/kulturelle-unterschiede-und-internationale-zusammenarbeit-china-im-kommen/, zuletzt aktualisiert am 25.02.2010, zuletzt geprüft am 27.09.2013.

Vahrenkamp, Richard; Sieperman, Christoph (2013): Definition » Enterprise-Resource-Planning-System « | Gabler Wirtschaftslexikon. Hg. v. Springer Fachmedien Wiesbaden GmbH. Wiesbaden. Online verfügbar unter http://wirtschaftslexikon.gabler.de/Definition/enterprise-resource-planning-system.html, zuletzt aktualisiert am 27.09.2013, zuletzt geprüft am 27.09.2013.

Wagner, Klaus-P; Backin, Dieter; Hüttl, Thomas; Vieweg, Iris; Werner, Christian (2012): Einführung Wirtschaftsinformatik. IT-Grundwissen für Studium und Praxis. 2012. Aufl. Wiesbaden: Gabler Verlag.

Weidner, Ingrid (2013): Kein Job für Anfänger: Projektarbeit in China. Hg. v. Computerwoche. Online verfügbar unter http://www.computerwoche.de/a/projektarbeit-in-china,2539621, zuletzt aktualisiert am 27.09.2013, zuletzt geprüft am 27.09.2013.

Wendehost, Tobias (2012): Quelloffenes Enterprise Resource Planning: Wenig Akzeptanz für Open-Source-ERP. Hg. v. Computerwoche. München. Online verfügbar unter http://www.computerwoche.de/a/wenig-akzeptanz-fuer-open-source-erp,2529364, zuletzt aktualisiert am 12.12.2012, zuletzt geprüft am 27.09.2013.

Wieczorrek, Hans W.; Mertens, Peter (2011): Management von IT-Projekten. Von der Planung zur Realisierung. 4. Aufl. Berlin, Heidelberg: Springer-Verlag (Xpert.press).

Wildemann, Horst (2013): ERP-Systemauswahl und Implementierung. Hg. v. TCW - Transfer-Centrum GmbH. München. Online verfügbar unter http://www.tcw.de/management-consulting/logistikmanagement/erp-systemauswahl-und-implementierung-365, zuletzt aktualisiert am 27.09.2013, zuletzt geprüft am 27.09.2013.

Woo, Hong Seng (2007): Critical success factors for implementing ERP: the case of a Chinese electronics manufacturer. In: Journal of Manufacturing Technology Management 18 (4), S. 431–442. DOI: 10.1108/17410380710743798.

Xue, Yajiong; Liang, Huigang; Boulton, William R.; Snyder, Charles A. (2005): ERP implementation failures in China: Case studies with implications for ERP vendors. In: International Journal of Production Economics 97 (3), S. 279–295. DOI: 10.1016/j.ijpe.2004.07.008.

Yuanqiang Xia; Lok, Peter; Song Yang (2009): The ERP implementation of SME in China. In: Curran Associates (Hg.): Proceedings of the 6th International Conference on Service Systems and Service Management, (ICSSSM '09). The 6th International Conference on Service Systems and Service Management, (ICSSSM '09). Xiamen, China, 8-10 June: Curran Associates, S. 135–140.

Zhang, Liang; Lee, Matthew K. O.; Probir, Banerjee; Zhang, Zhe (2003): Critical success factors of enterprise resource planning systems implementation success in China. In: IEEE Computer Society (Hg.): Proceedings of the 36th Annual Hawaii International Conference on System Sciences (HICSS-36 2003). Big Island, HI, USA, January 6-9, 2003.

7 Anhang

7.1 Chinesische Buchführung

Die chinesische Buchführung (PRC-GAAP) unterscheidet sich von allen internationalen Standards (Hoffmann 2010).

Die Mehrwertsteuer in China

Jeder Waren- oder Leistungsverkauf unterliegt der Umsatzsteuer. In ERP-Systemen müssen daher Funktionen zur Berechnung der Mehrwertsteuer bei Eingangs- und Ausgangsrechnungen implementiert sein. (Hoffmann 2010)

Das „Golden-Taxation-System"

Die ordnungsgemäße Abführung der Mehrwertsteuer (VAT) in China wird mittels von der Regierung vorgegebenen Rechnungsvordrucken in einem einheitlichen Format – auch als „Fapiao" bezeichnet – kontrolliert (Hoffmann und Balis, S. 27 f.). Das System ist auch unter dem Namen „Jinshui" bekannt (Hoffmann 2013). Eigene Rechnungsformate sind nicht erlaubt sobald eine Steuerrelevanz gegeben ist (Hoffmann und Chiao 2010).

7.2   NAS System Synology DS213+

Das NAS System des Herstellers Synology
(Abbildung 2) übernimmt bei diesem Projekt
folgende Aufgaben:

- ERP-Server
- Datenbank-Server
- Dateiserver
- Datensicherung
- VPN-Server

Abbildung 2 Synology DS213+
(Synology Inc. 2013)

Ausgewählte technische Daten des Systems (Synology Inc. 2013) sind nachfolgend in
Tabelle 10 aufgeführt. Abbildung 3 zeigt die Benutzeroberfläche des Server-Systems.

CPU	Dual Core 1,067 GHz
	Gleitkomma, Hardware-Verschlüsselung
Speicher	512 MB DDR3
	2 Laufwerksschächte (SATA3)
Externe Anschlüsse	USB 2.0 (1x), USB 3.0 (2x), eSATA,
	Gigabit-LAN (1x)
Funktionen	Dateiserver, RADIUS-Server, VPN-Server, LDAP-Server, grafische Benutzeroberfläche, Aufgabenplanung, Datensicherungsfunktion, Mehrsprachigkeit

Tabelle 10 Synology NAS technische Daten

Abbildung 3 Benutzeroberfläche Server

7.3   IT-Infrastruktur Erweiterung

Um die geforderten Funktionalitäten Datei-Server, ERP-System usw. bereitstellen zu können muss die bei Projektstart vorhandene Netzwerkinfrastruktur grundlegend (re)organisiert, optimiert und erweitert werden. Glücklicherweise sind auf beiden Etagen Netzwerkkabel verlegt welche an jeweils einem zentralen Punkt zusammenlaufen. Dies ermöglicht die Einrichtung zweier, untereinander verbundener Sternnetze mit überschaubarem Aufwand.

Daher werden für die untere Etage ein weiterer (baugleicher) Wireless-AP, ein zusätzlicher (baugleicher) Netzwerk-Switch sowie ein Patchpanel angeschafft und im zweiten Stockwerk des Firmengebäudes installiert. Es wird dabei darauf geachtet, möglichst viele Systeme mittels kabelgebundener LAN-Adapter zu betreiben um Zuverlässigkeit und Geschwindigkeit der LAN-Verbindungen zu optimieren.

Die beiden Stockwerke werden über die Netzwerk-Switches untereinander mithilfe eines neu gelegten Netzwerkkabels direkt verbunden. Im Zuge der Renovierung wird der vorhandene Server-Schrank im dritten Stockwerk neu verkabelt und beschriftet.

Sämtliche Neu- und Altinstallationen werden im Anschluss dokumentiert und dem Management von „VRCIC" zur Verfügung gestellt. Die Netzwerkstruktur nach der Renovierung ist auf Abbildung 4 dargestellt.

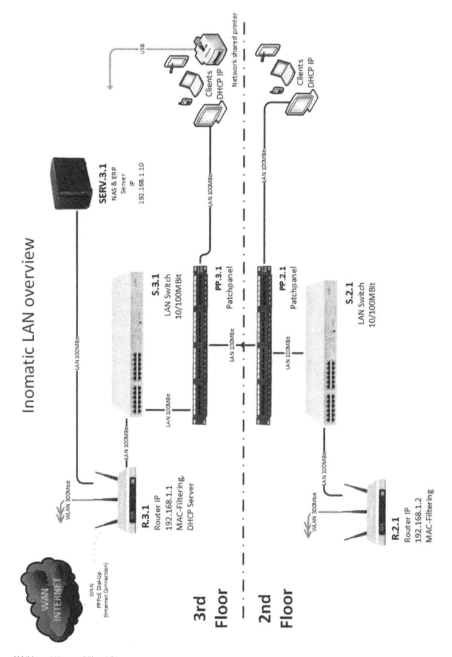

Abbildung 4 Netzwerkübersicht

7.4 Vorgenommene Anpassungen

Alle Änderungen am System sind (sofern nicht anders angegeben) unter Zuhilfenahme der Online Dokumentation von OpenERP für die verwendete Version 6.1 (OpenERP S.A. 2013c) durchgeführt worden.

Globale Einstellungen und Assistenten

Für viele Einrichtungs-Aufgaben bietet das OpenERP System von Haus aus Assistenten an (siehe Abbildung 5). Diese erleichtern den Einstieg und die

Abbildung 5 Einrichtungsassistenten von OpenERP

Grundkonfiguration erheblich. Mit Hilfe dieser Option können globale Einstellungen wie bspw. Länder, Währungen, Maßeinheiten und Corporate Design Anpassungen vorgenommen werden. Darüber hinaus lässt sich hier bereits größtenteils die Unternehmensstruktur konfigurieren. Die Assistenten unterstützen u.a. beim Festlegen von genutzten Sprachen, Kontenrahmen, dem Import von Produkten, der Anlegung von Benutzern und Abteilungen sowie bei der Stücklistenerstellung.

Zusätzlich installierte Module

Um die Vorgaben des Managements von „VRCIC" zu erfüllen wurden folgende Module (Addons) zusätzlich zur Grundkonfiguration installiert und eingerichtet.

Modulname	Erläuterung
hr_attendance_analysis	Dynamische Reports basierend auf den Anwesenheitszeiten der Mitarbeiter
openerp_report_designer	Open-Office Plug-In um Reports anzupassen (Anpassung an das Corporate Design von „VRCIC")
zb_task_emails	Automatisierung von Email Benachrichtigungen bzgl. Statusänderungen bei Projekten
hr_sign_out_forgotten	Automatischen „ausloggen" wenn der Mitarbeiter es vergisst (betrifft die Protokollierung von Anwesenheitszeiten, nicht die Anmeldung am System)

Tabelle 11 Zusatzmodule

Corporate Design - Anpassungen

Um die Vorgaben von Dokumenten und Reports hinsichtlich Corporate Design zu erfüllen sind die Vorlagen für Angebote, Rechnungen, Lieferscheine, Stundenzettel usw. wie folgt angepasst worden :

- Einbettung des Firmenlogos
- Pflichtangaben des Unternehmens
  - o Firmenadressen
  - o Schriftarten
  - o Chinesische Registrierungsnummer der Firma (Company Registration number)

Darüber hinaus wurden die webbasierte Anwendermasken unter Beachtung der AGPL Lizenzbedingungen (OpenERP S.A. 2013b) wie folgt angepasst:

- Einbettung des Firmenlogos
- Anzeige des Unternehmensnamens

Weitere Anpassungen

Es wurden Benutzer, Gruppen, Richtlinien und eingeschränkten Ansichten (Views) eingerichtet (OpenERP S.A. 2013f) um die gestellten Anforderungen hinsichtlich Datensicherheit zu erfüllen. Diese Funktion ist in *OpenERP* gut integriert. So ist es möglich für jede Ansicht die Nutzergruppen für welche die Optionen und Menüpunkte sichtbar sind zu definieren. Dies erlaubt ebenfalls eine sehr gute Anpassung der nutzerspezifischen Übersichten im Bereich der einzelnen Module.

Darüber hinaus wurden folgende Daten in das System eingepflegt:

- Lieferbedingungen (Incoterms)
- Lieferarten
- Zahlungsbedingungen
- Format der fortlaufenden Rechnungsnummern

7.5 Das *OpenERP*-System

Benutzeroberfläche

Abbildung 6 Benutzeroberfläche *OpenERP*

7.6 Projektabschluss

Am Projektmeeting nach Durchführung der Maßnahmen der dritten Phase nehmen dieses Mal auch die MA von Einkauf und HR teil. Gemeinsam wird vereinbart, die problematischen Optimierungsprozesse aus dem Projektfahrplan auszukoppeln und parallel zur letzten Projektphase weiter zu verfolgen. Es handelt sich lediglich um zwei Probleme, die einerseits gut definiert sind und andererseits keine rasche Lösung in Aussicht haben.

7.6.1 Live-Betrieb

Aufgrund der im Projektverlauf festgestellten Abhängigkeiten der Module von *OpenERP* ist hier eine klare Abgrenzung nicht mehr möglich. Im Live-Betrieb soll die Nacherfassung und der Import weiterer Daten (Imhausen 2004b) realisiert sowie der Produktivbetrieb gestartet werden.

Lagerverwaltung

In diesem Bereich wird die erste Inventur aller Produkte, Artikel und Komponenten manuell durchgeführt Dies gestaltet sich mithilfe des Systems relativ problemlos. (Abbildung 8). Verwendet werden Inventurlisten in ausgedruckter Form. Die Dateneingabe in das System erfolgt dann ausschließlich durch die verantwortlichen Anwender des Systems.

Abbildung 8 Durchgeführte Inventuren

Während der Inventur wird nach und nach die Lagerstruktur (siehe Abbildung 7) des Unternehmens im System nachgebildet. Bereits in dieser Phase zeigt sich bei neuen Auftragseingängen wie wertvoll die schon vorhandenen Daten sind.

Derzeit ist der Import aller Produkte so gut wie abgeschlossen. Im System sind 856 Produkte vorhanden. Bei den Stücklisten wird mit der Produktionsleitung zusammengearbeitet. Der

Abbildung 7 Lagerstruktur

Fortschritt liegt hier aktuell bei etwa 35 Prozent.

Das Modul Projektmanagement

Nach Abschluss der Grundkonfiguration des Projekt-Moduls werden die Projekt-Mitarbeiter darin unterwiesen, Ihre Projekte inkl. Fortschritten und auftretenden Problemen mithilfe des ERP-Systems zu verwalten.

Bei Projektabschluss sind nahezu alle laufenden Projekte des Unternehmens inkl. Zugehöriger Aufgaben im System vorhanden (siehe Abbildung 9).

Zusätzlich funktionieren die im System vorhandene Funktion zur Erfassung von Problemen sowie

Abbildung 9 Projektaufgaben

die Zuweisung von (Teil-) Aufgaben an andere Projektmitarbeiter bereits zuverlässig. Das Modul zur Projektverwaltung wird mit Abstand am intensivsten genutzt. Die teilautomatisierte Projekt-Eskalation erweist sich als sehr nützlich.

Die hohe Nutzerakzeptanz resultiert hier aus der besseren Argumentationsposition der MA gegenüber PL und Management. MA können stets auf Projektdokumentationen die auch auftretende Probleme beinhalten zurückgreifen.

Abwicklung von Reparaturen

Nach der Projektverwaltung ist dies das zweite Modul welches bereits bei Projektabschluss intensiv genutzt wird. Zuverlässig können hier sowohl interne als auch externe Reparaturvorgänge erfasst und dokumentiert werden.

Die große Akzeptanz dieses Moduls wird durch eine deutliche Arbeitserleichterung der MA des Reparaturservice hervorgerufen. Wurden sie vor Einführung der Software regelrecht mit (vor allem internen) Reparaturaufträgen überhäuft, müssen diese Vorgänge nun in Auftrag gegeben werden. Positiver Nebeneffekt ist eine deutliche Steigerung hinsichtlich Qualitätskontrolle der Bauteile von Zulieferern. Anstatt wie bisher intern (auf eigene Kosten) zu reparieren werden nun Produkte vermehrt bei Lieferanten reklamiert. Dies führt nach Angaben des Managements bereits zu einer deutlichen Kostenersparnis und bei einigen Komponenten zu Qualitätssteigerungen.

Das Modul Personal

Der Bereich Personalbeschaffung befindet sich im Produktivbetrieb. Die unter 4.3.2 genannten Maßnahmen zeigen langsam Erfolg. So werden offene Stellen kontinuierlich im System gepflegt. Neue Bewerber für zu besetzende Positionen werden größtenteils direkt im System angelegt.

Sobald ein Bewerber im System vorhanden ist wird der Bewerbungsprozess inkl. Notizen, Interviews und nächsten Schritten gut dokumentiert. Das zusätzlich installierte DMS-Modul (s.u.) erlaubt hier die Ablage von beliebigen Dateien in Bewerberdatensätzen. Genutzt wird diese Funktion bspw. um Lebensläufe der Bewerber direkt im System zu speichern.

Das Modul Einkauf

Erwartungsgemäß ist dieser Bereich momentan die größte Problemstelle des produktiven Systems. Aufgrund der unter 4.3.2 geschilderten Schwierigkeiten ist hier eine Weiterentwicklung und Optimierung notwendig. Zum Zeitpunkt des Projektabschlusses sind nur geringe Fortschritte zu erkennen. Durch die Assistenz des neuen MA sind inzwischen einige Lieferanten im System vorhanden. In noch geringerem Umfang sind Bezugspreise von Komponenten eingepflegt. Genutzt wird das System für die Bedarfsermittlung nach Eingang neuer Aufträge. Die Informationsweitergabe hinsichtlich Lieferanten und Preisen ist jedoch trotz kontinuierlicher Intervention seitens des Managements von „VRCIC" sehr eingeschränkt.

Dies hat bedeutende Folgen für das Gesamtsystem. So ist bspw. eine Bewertung des Lagerbestands mangels Preisen schlicht nicht möglich.

Implementierung zusätzlicher Funktionen

Dokumentenmanagement

Das nahtlos integrierbare DMS-Modul von *OpenERP* wurde auf Vorschlag der Reparaturtechniker hinzugefügt. Bei Reparaturvorgängen wurde die Funktion vermisst, umfangreichere Informationen (bspw. Reparaturberichte und Messprotokolle) zu speichern.

Das Modul erlaubt das Hinzufügen von Dokumenten (Dateien jeglicher Art) zu beliebigen Datensätzen. Dabei erlaubt die Konfiguration die Ablage sämtlicher Dokumente außerhalb der Datenbankstruktur im Dateisystem des Dateiservers und verhindert damit Performance-Einbußen.

7.6.2 Support

Der Support umfasst die Betreuung bei Fragen, die Bearbeitung von Problemstellungen sowie die Durchführung von Updates/Upgrades (Imhausen 2004b). Die grundlegenden administrativen Aufgaben können von den MA der Firma „VRCIC" dank Schulungen und Dokumentation selbst durchgeführt werden. Darüber hinaus wurde zwischen Management von „VRCIC" und dem Autor ein Support-Vertrag geschlossen. Ermöglicht wird die Fernwartung durch Nutzung des VPN-Gateways welches den Systemzugriff von außen erlaubt.

7.6.3 Dokumentation

Die Dokumentation des Projekts sowie Schulungsunterlagen für (neue) MA wurden vom Autor in englischer Sprache erstellt und dem Unternehmen „VRCIC" in elektronischer Form zur Verfügung gestellt. Die Dokumentation besteht aus drei Teilen, der Dokumentation der IT-Infrastruktur, einer eigenen Dokumentation des *OpenERP*-Systems und den erstellten Schulungsunterlagen. Aufgrund des Umfangs sind sie nicht Teil dieser Arbeit.